세상의 슬픔과 아름다움을 기록할 수 있다면

차례

10년 만의 월급

결혼 10년 만에 다시 돈을 벌기 시작했다. 결혼을 앞두고 회사에 사직서를 제출한 뒤로 월급이라고 부를 수 있는 돈이 처음으로 통장에 들어왔다. 가정주부로 살아온 10년, 살림하고 아이를 키우는 경력은 돈이 되지 않았다. 노동의 가치조차 인정받기 쉽지 않았다. 내가 선택하고 결정한 삶이었지만 그 시간이 길어질수록 나는 이름을 잃어가기 시작했다.

주변에는 가정과 일, 어느 것 하나 놓치지 않고 열정적으로 해내는 사람이 많았다. 나는 그 어느 것도 잘 해내지 못해서 안절부절 못하면서도 내 인생을 주체적으로 살아가지 못한다는 생각에 우울했다. 팔자 좋은 소리 하고 있다고, 남편이 벌어오는 돈으로 편하게 살아가고 있지 않냐고, 내 안의 목소리들이 내 자존감을 조금씩 갉아먹었고 사랑스러운 아이가 하루하루 커가는 모습도 마냥 행복하지만은 않았다. 세상에 태어난 아이는 아름다웠지만 그 아름다움의 성장을 위해 먹이고, 입히고, 씻기고, 재우는 노동은 행복하지 않았다. 나는 무엇을 위해 살아가고 있는지, 왜 하기 싫은 일을 반복하며 살아가고 있는지 생각하면 괴로웠다. 그러다 말이 통하지 않는 아이가 울고불고 떼를 쓰며 바닥을 구를 때면 창밖으로 뛰어내리고 싶은 마음마저 들었다. 엄마로서 이런 마음을 가진 것이 부끄럽고 죄책감이 들어 고통스러웠고 나는 그 무엇보다 나를 지켜야겠다, 나를 되찾아야겠다 마음먹었다.

내가 싫어하는 것을 현재 상황에서 하지 않을 수 없다면 좋아하는 것을 찾아야겠다고 생각했다. 결혼 전에 내가 가장 좋아하던 일이 무엇이었나 생각해 보니 책을 읽는 일이었다. 책이 있는 공간에 가면 늘 마음이 편해지고 나에 대해 이런저런 생각을 할 수 있어서 도서관에 가기 시작했다. 호흡이 긴 책을 읽을 여유와 시간이 없어서 그림책을 빌려 읽었다. 아이에게 읽어줄 그림책, 나에게 읽어줄 그림책을 골라 읽다 보니 점점 마음이 편해졌다. 그림책 작가가 건네는 이야기는 아이가 아니라 내게 하는 말 같았고 무엇보다 지금 이대로, 당신의 모습 그대로 괜찮다고 이야기해 주는 작품들이 나에게 큰 위로를 주었다. 그때 내가 그림책을 만나지 못했다면 나는 아마 더 힘겨운 시간을 보냈을 것이다. 그림책은 나에게 괜찮다, 괜찮아질 거다 이야기해 주었고 아이를 다시 사랑스러운 눈으로 바라보게 도와줬다. 아이와 함께 그림책을 읽는 시간 동안 나도 성장하고 있었다. 부모로, 어른으로, 한 인간으로.

아이가 혼자 책을 읽기 시작할 무렵부터 나도 내 책을 찾아 읽었다. 책장이 미어터지도록 책을 사기 시작해서 신발장까지 책이 가득찼다. 책을 읽는 시간은 곧 나를 읽는 시간이었다. 나는 어떤 사람인지, 어떻게 살아가고 싶은지 나에 대해 알아가는 시간이었다. 그리고 그제야 내가 그토록 바라던 나 자신으로 살아가는 것에 대해 깨달아 갔다. 내가 내 이름을 찾고 싶었던 것은 커리어나 성공에 관한 것이 아니었다. 아내나 엄마의 역할에서 벗어나 나로 살아가는 삶이었다.

좋아하는 일들을 찾아 몇 년간 많은 일들을 했다. 대부분은 봉사활동에 가까운 일이었다. 그림책 서점에서 일하고 도서관에서 아이들과 책 모임을 하고 누군가에게 내가 도움이 될 수 있는 일이라면 물불 가리지 않고 했다. 그래서 나라는 사람이 밥하고 빨래하고 청소하는 것 말고도 할 수 있는 일이 있다는 것을 확인받고 싶었다. 그리고 올해 여러 기관에서 온라인 기자로 활동할 기회가 생겼다. 많은 돈은 아니지만 드디어 내가 하는 노동으로 매달 통장에 월급을 받게 되었다. 매일 출근

하는 직장인도 아니고, 회사에 소속된 것도 아니지만 내가 하는 일에 큰 보람과 행복을 느끼고 있다. 10년 동안 고군분투하며 나를 찾아가던 시간 뒤에 나에게서 벗어나 타인을, 세상을 향해 나아가고 있음을 느끼는 시간이 찾아왔다.

 나 자신으로 살아가는 것이 나만을 위해 살아가는 것은 아니라고 생각한다. 어떤 선택과 결정 앞에서도 나를 최우선으로 생각하는 것은 나만을 위한 것은 맞다. 그러나 그 시간을 충분히 보내고 나면 나는 다시 내가 해야 할 아내와 엄마의 자리로 행복하게 돌아올 수 있다. 아침밥을 차리고 달리러 나가는 주말 아침에도, 장을 보고 돌아오는 길에 들른 카페에서 책을 읽는 시간도, 좋아하는 친구들을 만나러 가는 서울 여행에서도. 나는 내 삶을, 내 시간을 살고 있다는 생각이 든다. 그리고 그 시간의 끝에 나는 내일을 더 잘살아 보고 싶은 생각이 든다. 나만을 위해서 사는 삶이 아니라 내 가족을 위해, 내 이웃을 위해, 내가 살고 있는 사회를 위해 내가 할 수 있고 해야 하는 역할들을 더 잘 해낼 수 있을 것 같다.

매정하고 위선적인 인간

"조금 도와달라고 왔는데, 안 돼요?"

할머니를 마주친 것이 오늘로 다섯 번째이다. 걸음걸이도 불편해 보이는 할머니는 장바구니를 끌고 동네의 가게들을 돈다. 할머니가 돈을 요구하는 사람은 가게 주인이기도 하고, 테이블에 앉아있는 손님이기도 하다. 어떤 때는 뇌 수술을 했으니 도와달라고 했다가 어떤 때는 문 밖으로 이끄는 가게 주인에게 오늘 산송장 제사 치를 생각이냐며 역정을 내기도 한다. 나는 오늘도 방관하며 할머니를 물끄러미 바라본다.

할머니에게 돈을 건넬 수 없는 이유는 현금을 들고 다니는 일이 없어서이기도 하지만 기꺼이 도와줄 마음이나 연민이 없어서이기도 하다. "죄송합니다. 현금이 없어서요"라고 답했지만, 뛰어갈 만한 거리의 자동차에는 현금이 있다는 것도 안다. 도와달라는 당당한 태도가 못마땅한 걸까. 할머니의 가난을 믿지 못하는 걸까. 마음이 복잡해진다. 나에게 부족하지 않은 커피값 정도는 할머니에게 한 번쯤 내어드릴 수도 있을 텐데 나를 알아보고 또 돈을 달라 앞에 나타날까 두려운 것이다.

도움을 주는 사람은 늘 감사함을 대가로 받고 싶어 한다. 나도 이런 마음으로 기부한다. 순전히 내가 원하는 만큼 돈을 보내고 마음의 기쁨을 얻는다. 가끔은 후원 아동의 편지를 받기도 하고, 내가 낸 돈이 어떻게 쓰였는지 소식지를 받기도 한다. 도와달라는 사람에게 의심하지 않고 불쾌해하지 않고 흔쾌히 돈을 꺼내어 줄 수 있는 사람은 되지 못한다.

할머니는 매일 얼마나 같은 말을 반복하며 구걸과 동정을 구하는 걸까. 정말로 할머니가 할 수 있는 노동이 이것뿐이라 이토록 성실하게 일하는 걸까. 오죽하면 이렇게 거리를 돌아다니며 도움을 청할까. 복잡한 마음으로 창밖을 바라보고 있는데 할머니가 다시 내 앞에 찾아왔다. 10분 전에 이곳을 찾은 걸 잊은 모양이다. "조금 도와달라고 왔는데, 안 돼요?" 할머니가 다시 내게 묻는다. 이번에는 자리에서 일어설까 말까 망설인다. 그러다 할머니가 손에 꼭 쥔 5만 원짜리 지폐가 눈에 보였다. 그리고 다시 죄송하다고 답했다.

나를 물끄러미 바라보고 있는 할머니와 눈이 마주쳤다. 할머니의 한쪽 눈에서 눈물이 흘렀다. 슬픔이나 고통의 눈물처럼 보이지는 않았다. 정말 뇌 수술 이후에 겪고 있는 일종의 반사적 증상 같아 보였다. "왜 이렇게 눈물이 흘러." 할머니는 꼬깃꼬깃한 장갑으로 테이블에 떨어진 눈물과 자기 얼굴을 닦았다.

나에게 고개를 숙이는 사람에게만, 감사의 인사를 할 수 있는 사람에게만 돈을 내어줄 수 있는 나는 얼마나 매정하고 위선적인 인간인가. 집으로 향하는 길, 할머니는 거리의 빈 의자에서 햇볕을 쬐며 앉아있었다. 나는 아이의 손을 잡고 할머니로 향하는 시선을 애써 외면하며 먼 길을 돌아갔다.

유난 떠는 엄마

 명절 음식 준비를 하지 않아도 되지만 그렇다고 명절의 스트레스가 없는 것은 아니다. 전은 부치지 않아도 명절 기간 동안 아이가 먹을 음식을 준비해야 한다. 아이는 음식 알레르기가 있어 내가 만든 음식 이외에 아무것도 먹지 못한다. 명절 때 몇 번의 응급상황을 겪은 뒤 나는 명절을 보낼 때마다 아이의 음식을 준비하고 프라이팬과 소금까지 챙기는 엄마가 되었다. 힘들기는 하지만 당연하다고 생각했다. 아이가 아프지 않으려면 내가 해야 하는 일이니까. 그러나 명절의 풍경은 조금도 당연하지 않았다.

 아이가 어릴 때부터 나는 유난 떠는 엄마였다. 놀이터에서 아이들이 과자 먹던 손으로 아이를 만질까 봐 노심초사하며 아이들 손만 바라보고, 아이 손을 씻겼다. 아이는 밀가루나 계란을 만지기만 해도 알레르기 반응이 있어 가려움을 느끼기 때문이다. 가려운 정도로 끝나면 다행이지만 그 손으로 눈이나 코를 만져 눈가가 붓고 콧물을 흘리며 기침을 시작하면 응급상황이다. 아이는 특정 물질에 대해 몸이 과민반응을 하는 아나필락시스 쇼크가 있다. 알레르기 반응이 심각하면 기도가 붓고 호흡곤란이 오기도 해서 응급 주사도 항상 휴대해 다닌다. 나만 유난을 떠는 것인지 가족 중 아무도 아이의 질병을 심각하게 생각하지 않는다. 크면서 좋아진다는 말을 10년째 듣고 있지만 정말 좋아지고 있는 건지 모르겠다.

 식사를 마치고 어머니는 과일과 강정을 간식거리로 준비해 왔다. 식구들이 과자를 한입 베어 물 때마다 밀가루 포대가 공중에 날리는 것 같아 나는 잠시 숨을 멈췄다. 이 작은 가루가 아이의 코나 입에 들어

가거나 아이의 손에 닿아 눈을 비비기만 해도 비상사태다. 그러나 다들 너무 태연해 보였다. 바닥에 과자 부스러기를 흘려도 내 눈빛만 흔들리고 남편도 태연하게 과자를 하나 집어 먹고 있었다. 너무나 당연하게 다들 과자를 먹기에 나는 말조차 하지 못했다. 나는 보란 듯이 접시에 과자를 받치고 먹었다. 그리고 자연스레 행주를 들고 바닥을 치웠다. 가루가 보이지 않을 때까지, 내 마음이 불안하지 않을 때까지 바닥을 닦았다.

아무도 미안해하지 않아 생각했다. 나만 유난 떠는 건가? 왜 아무도 아이의 안전에 대해서는 생각하지 않지? 명절에 알레르기 반응으로 응급실에 달려간 상황을 모두 지켜봤던 가족인데, 가족에게서조차 이해받지 못하는 상황에 나는 슬퍼졌다. 결국 아이는 콧물을 흘리며 알레르기 반응이 시작됐다. 원인은 알 수 없었지만, 알 것 같기도 했다. 겨우 약을 먹여 아이를 재우고 자려니 잠이 오지 않았다.

몰라서 그럴 수도 있다. 내가 더 유난을 떨어 밀가루 과자는 치우기 쉽게 식탁에서 먹자고, 과자 먹던 손으로 아이를 만지지 말라고 이야기해야 맞을지도 모르겠다. 아이가 먹을 수 있는 음식이 하나도 없어 가족이 함께 식당에 가도 태블릿 PC만 뚫어져라 바라보고 있는 아이를 지켜볼 때마다 내가 얼마나 미안한지, 그래도 엄마가 만든 음식이 제일 맛있다고 이야기하는 아이를 바라볼 때 내 가슴이 얼마나 아픈지 아무도 이해하지 못한다.

아주 오래전이지만 미국 학교 아이들을 보고 놀랐던 부분이 있다. 학교에 아이들이 싸 오는 간식이나 도시락은 땅콩이 없어야 한다. 땅콩 알레르기가 있는 학생들이 있기에 다른 학생들이 모두 이 규칙을 지킨다. 학부모와 학생들은 모두 이 규칙에 반대하지 않는다. 당연히 배려해야 한다는 의미일 테다. 왜 소수를 위해 다수가 이 규칙을 지켜야 한다고 생각하는지 나도 당시에는 알지 못했다. 하지만 심각한 알레르기 반응은 사망에 이를 수도 있기에 알레르기가 있는 학생들의 안전을 위해서 다 같이 노력하는 것임을 내 아이가 알레르기 질환을 가지게 되면서 온몸으로 이해하게 되었다.

내 아이의 안전은 내가 챙기는 것이 맞다. 그래서 나는 5년째 아이의 도시락을 매일 싸고 있다. 혹시나 학교에서 급식을 먹고 아이가 아프거나 쓰러져도 아무도 책임져 주지 않는다는 것을 안다. 아이가 새로운 학년이 되면 담임 선생님과 보건 선생님에게 편지를 쓴다. 특별히 내 아이를 신경써 달라는 말이 아니라 아이에게 알레르기 질환이 있으니, 아이가 아플 때 보호자에게 빠르게 연락해 달라고 쓰는 편지다. 그래서 아이가 아프면 언제라도 달려갈 수 있도록 평일에는 먼 거리로 외출하지 않는다.

코로나가 시작되고 다행인 점은 모두가 손을 자주 씻는다는 점이다. 감염병 예방을 위한 일이기도 하지만 내 아이를 보호하는 반가운 일이기도 했다. 누구도 음식이 묻은 손으로 아이를 만지지 않고, 아이가 먹는 음식에 손을 대지 않는다.

다행스럽게도 아이는 약을 먹고 가벼운 증상만 보인채 알레르기가 멈췄다. 그렇지만 어딘가 불편하고 복잡한 내 마음은 쉽사리 가라앉지 않는다.

너의 모습 그대로

아이를 양육한다는 것이 이토록 어려운 줄 몰랐다. 10달을 뱃속에 품고 태어난 아이가 사랑스러웠지만 아이와 보내는 시간이 마냥 행복하지 않았다. 울다 지친 아이가 새근새근 잠이 들면 나도 그 옆에 누워 소리 죽여 자주 울었다. 30년 동안 익숙한 삶의 패턴으로 살아오던 내가 하루아침에, 제시간에 밥을 먹을 수 없고 편안하게 잠들 수 없고 혼자만의 시간을 가질 수 없다는 사실에 나는 괴로웠다. 임신과 출산으로 시작된 몸의 통증으로 나는 한 시간도 걸을 수 없었고 손목과 발목에 칭칭 감은 보호대는 내 마음까지 보호할 수 없었다. 오롯이 나에게 의지하는 한 생명에 대한 책임감과 부담감이 나를 짓눌렀고 나는 그때마다 아이는 축복인가 되물었다.

이번 생에 엄마가 처음이어서 힘든 게 아니었다. 누군가를 생각하고 배려하고 보살피는 일이 처음이었기 때문이었다. 온힘을 다해 우는 아이 앞에 멍한 눈으로 앉아 있다가 다시 아이가 예뻐 보이기 시작한 순간을 기억한다. 내 존재만으로 웃고 나에게 의지하는 생명이 있음을 깨달은순간, 희생만으로만 생각했던 돌봄을 견딜 수 있는 힘이 생겼다. 미숙하고 부족했던 한 인간이 성장하는 순간이었다.

아이가 세상의 모든 것에 궁금증을 가지기 시작할 때 비로소 나도 나를 다시 바라보게 되었다. 나는 지금 올바르게 서 있는지, 제대로 살아가고 있는지 또 나로 인해 태어난 생명에게 충분한 사랑을 주고 있는지. 품을 파고들고 얼굴을 매만지는 아이의 손길이 때로는 위로가 됐다. 가끔은 귀찮고 도망치고 싶은 순간에는 잠시 혼자만의 시간을 보내고 나면 다시 웃는 얼굴로 아이를 마주할 수 있었다. 아이가 자라는 만큼 나도 자라났다.

"우리 예쁜 아기"하고 부르면 아이는 "나 아기 아니라고!"하고 화를 낸다. "아이고 우리 예쁜 어린이"라고 말을 고쳐야 아이 얼굴에 다시 미소가 번진다. 엄마가 그만 울라고 이야기할 때도 "어린이는 슬플 때 눈물이 나는 거라고" 혼을 내고 "어리다고 놀리지 말라고, 비웃지 말라고, 흉보지 말라고" 외치는 당당한 어린이의 모습을 바라본다. 너의 우주를 품을 만큼 넓은 마음이 아니라 가끔은 짜증내고 서운하게 하는 부족한 엄마지만 다그치지 않고 더 많이 기다려 주자 다짐해 본다. 조금 더 져주고 너의 웃는 얼굴을 더 많이 보고 우리 그렇게 한 지붕 아래에서 함께 살아가는 존재가 되자.

복싱 할아버지

평소보다 이른 아침, 유치원에 늦는다며 등원을 서두르는 아이와 함께 집을 나섰다. 안개가 잔뜩 낀 날에 낙엽 이불 길을 걸으며 아이를 유치원에 데려다주고 돌아오는 길, 어디선가 '취취' 거친 복싱 호흡소리가 들린다. 멀리서 보기에도 날렵하지 않은 움직임과 굳은 허리, 바람이 불 때마다 할아버지의 얼마 남지 않은 머리카락이 몸보다 더 날카롭게 움직였다. '취취취취취' 할아버지는 거친 호흡만큼이나 복싱 연습에 매진하고 있었다. 그동안 맨손체조나 기체조, 팔굽혀펴기하는 어르신은 본 적이 있었어도 복싱하는 할아버지는 처음이라 한 걸음 한 걸음 숨을 죽이며 그 곁을 지나쳤다.

할아버지의 움직임을 비추어 볼 때 젊은 시절부터 복싱을 하신 것 같지 않았다. 하지만 할아버지의 기합 소리와 눈빛은 그 어떤 권투선수보다 예리했다. 할아버지에 대한 궁금증을 떠올리며 집으로 향하는 길, 나는 복싱 할아버지처럼 열정적으로 하는 게 뭐가 있을까 하는 질문이 나에게 되돌아왔다. 날씨가 추워졌다는 핑계로 짧은 아침 산책도 건너뛰고 엎어지면 코 닿을 거리도 자동차를 몰고 다니고 허리가 조금 불편하다는 이유로 이불 밖으로, 집 밖으로 나가지도 않는 내 모습 자체가 '늙음'이었다.

"좋아하는 것을 열심히 하면 잘하게 된대." 어제 저녁 아이가 그림을 그리며 하던 말이 머릿속에 빙빙 돈다. 나는 무엇을 좋아하고 무엇을 열심히 하고 있지? 7살 아이보다 삶에 대해 모르는 것이 더 많은 엄마, 산 아래 아침 공기를 가득 채우던 할아버지의 기합 소리에 움츠러든 나의 삶이 오늘 흐린 하늘처럼 뿌옇다.

경험한 만큼 보이는 세상

오래전 장애인 이동권 시위를 보며 그들을 비난한 적이 있다. '왜 하필 이 바쁜 시간에, 이 복잡한 통로에서 사람들에게 피해를 주면서까지 시위해야 할까'하고 인상을 찌푸렸다. 하지만 내가 유아차를 끌고 대중교통으로 어느 곳도 편하게 갈 수 없다는 사실을 깨닫는 데 그리 오래 걸리지 않았다. '아니 유아차로도 다니기 힘든 길을 어떻게 장애인 분들은 휠체어로 다니는 거야?' 혼자 걸을 때면 아무 문제 없던 도로도 유아차를 끌고 나가면 작은 턱도 넘기 어려웠다. 경사로를 막아놓은 차를 보면 화딱지가 났다. 사람은 자신이 경험한 만큼만 세상이 보인다는 말이 딱 맞았다.

『장애인과 함께 사는 법』이란 책을 읽었다. 얼마 전 장애인 스탠드업 코미디언 한기명 씨를 만나지 않았더라면 읽지 않았을지도 모른다. 생각해 보니 장애인이 공연하는 것을 본 적이 없었다. 한기명 씨는 공연을 시작하기 전에 이런 이야기를 했다. "장애인이 코미디 공연을 한다고 하니까 웃어야 할지, 웃지 말아야 할지 고민되시죠? 웃으면 장애인 비하한다고 할 것이고, 웃지 않으면 장애인 차별한다고 할 것이고요. 그렇다면 그냥 웃으세요!"라고 말했다. 정곡을 찔린 듯해서 처음에는 차마 웃지 못했다. 그러나 그의 공연은 웃어주는 것이 아니라 정말 웃겼다. 장애를 소재로 이야기했지만, 장애를 바라보는 비장애인의 시선에 대한 것이기도 했고, 그가 장애인으로 살아가며 겪는 삶의 이야기이기도 했다.

장애인과 비장애인을 나누는 기준은 정책적인 이유 말고는 그다지 필요하지 않다고 생각하지만 나 역시 장애가 있는 분들을 만날 때면 시선을 어디에 둬야 할지, 혹은 뚫어지게 바라보고 있지 않았는지 생각하게 된다. 그리고 도움이 필요한 사람이라고 생각하게 될까 봐 행동을 조심히 한다. 오래전에 갑작스러운 사고로 장애를 가지게 된 친구를 오랫동안 지켜보았기 때문이다. 나는 그 친구가 장애를 극복하고 성취를 이루는 것에 감탄했지만 친구는 한국에서 장애인으로 사는 삶을 너무 힘들어했고 다른 나라로 떠났다. 한국에서 친구를 만날 때 모습과 외국에서 만난 친구의 모습은 아주 달랐다. 그는 자유로워 보였고 불편함이 없어 보였다. 그리고 무엇보다 행복해 보였다. 물리적인 거리만큼이나 심리적인 거리도 멀어져 지금은 소식을 알지 못하지만, 그가 세상 어딘가에서 여전히 행복하게 지내고 있을 거라 믿는다.

『장애인과 함께 사는 법』이라는 책을 쓴 백정연 작가의 강연을 찾아갔다. 15가지로 구분되는 장애 유형 이야기로 시작한 강연은 장애인 이동권, 장애인의 정보 접근권 그리고 탈시설에 관한 이야기로 이어졌다. 우리는 장애를 극복한 사람들의 이야기에 열광하지만 정작 장애가 있는 사람들이 일상을 평범하게 누리는 것에 관심을 가지지 않는다. 백정연 작가는 장애인 가족이 휠체어를 타고 어디든 갈 수 있는 삶을 원하지, 로봇 다리를 달고 걷는 삶을 원하지 않는다고 말했다. 기술의 발전이 무조건 좋은 것이 아니고, 그것이 정말 대상자에게 필요한 기술인지가 중요하다는 이야기 같았다. 비장애인도 일상에서 자연스럽게 장애가 있는 사람들과 만날 수 있어야 한다는 이야기를 들으며 내게는 한기명 씨를 만난 경험이 아마도 새로운 출발이 될 것 같았다.

먼 길을 달려서 갔지만 굉장히 유익한 강연이었다. 나는 장애인 가족도 아니고 장애를 가지고 있지도 않다. 그러나 언젠가 장애의 삶을 경험하게 될지도 모르고, 장애가 있는 가족이 생길 수도 있다. 그런 의미에서 현재의 내가 필요하지 않은 서비스나 정책, 사회 환경일지라도 관심을 가지고 지켜봐야겠다고 생각했다. 집에 돌아오는 길에 생각해 보니 내가 살고 있는 아파트 동에도 장애가 있는 가족이 두 가족이나 살고 있었다. 그분들이 엘리베이터를 탈 때 "죄송합니다, 고맙습니다"라는 말을 자연스럽게 하셨다는 것을 새삼스럽게 깨달았다. 다음에는 "죄송해하지 마세요, 당연한 겁니다"라고 말씀드려야지 생각했다.

일상의 아름다움을 찾아요

지금 살고 있는 집으로 이사를 한 건 순전히 창으로 바라보는 풍경이 아름다워서다. 창문을 열면 바라볼 수 있는 산이 좋아 이사 온 지 5년이 넘도록 커튼을 달지 않았다. 계절의 변화를 볼 수 있다는 것이 얼마나 행복한 일인지 이곳에 살며 알았다. 하루가 다르게 피어나는 봄꽃, 푸르른 여름의 초록 잎, 수채화 물감이 번지듯 물들어 가는 가을 단풍, 그리고 가지에 눈이 소복하게 쌓이는 겨울 풍경. 조금도 더하거나 빼지 않고 창밖으로 바라보는 계절을 감히 사랑한다고 말할 수 있다.

그러나 한편으로 내가 사랑하는 풍경을 볼 수 있는 것은 사람의 발길이 닿지 않는 곳이라 가능하다고 느낀다. 아파트 창밖에 있는 산은 출입이 제한된 자연보호구역이기 때문이다. 저 숲속에 어떤 새들이 살고 있는지 모르지만, 여름 아침 새소리에 자연스럽게 눈이 떠지고 우렁찬 매미 소리를 듣는 여름이면 나도 힘을 내서 더 잘살아 봐야겠다는 생각이 든다. 봄부터 여름 밤까지는 창문을 열어놓으면 맑은 개구리 울음소리를 들을 수 있고, 여름이 깊어지면 풀벌레들이 밤새워 노래한다. 비가 내리면 폭포수 같은 천변의 물소리는 가슴속까지 시원하게 만든다. 어둠이 낮게 깔린 밤이 찾아오면 멀리서 들려오는 부엉이 소리와 고라니 울음소리는 내가 그들과 멀지 않은 곳에 살고 있음을 깨닫게 해준다. 언젠가 산책하다가 무리를 이탈한 새끼 고라니를 만난 적이 있는데 풀숲에 숨어 눈만 깜박이던 그 눈빛을 아직도 잊을 수 없다.

빽빽한 숲의 나무도 저마다 다른 초록의 색을 가지고 있고, 매미의 울음소리도 제각각 높낮이가 다르다. 매일 바라보는 하늘도 매 순간이 어찌나 다른지 지겨울 틈이 없다. 매일 같은 풍경을 바라보아도 이렇게 다르고 아름다운데 쳇바퀴 도는 나의 일상도 하루하루가 다르게 느껴지길 바란다. 밥을 차리고 청소하고 빨래를 널고 아이를 돌보는 삶에도 아직 내가 마음의 창으로 바라보지 못한 아름다움이 어딘가 있을 거라고 믿고 싶다.

욕심내지 말고 달리자! 하지만 신나게 달리자!

새벽 4시에 눈이 떠졌다. 아직 해가 뜨기도 전인데 기다리던 달리기 첫날이라 설레고 긴장도 됐나 보다. 처음으로 달리던 날을 기억하고 싶어 한여름 생일이 될 때까지 달리기책을 읽으며 기다렸다. 하지만 밖은 아직 깊은 어둠 속이고 멀리서 간간이 새소리만 들려올 뿐이다. 아침이 밝아오길 조금 더 기다린다.

운동복으로 갈아입고 어제 연습해 두었던 스트레칭을 시작한다. 러닝은 고강도 전신운동이기에 항상 부상의 위험이 있고 운동 전후에 스트레칭을 해주는 것이 좋다고 한다. 가볍게 예열하며 굳어있던 근육을 풀어주고 긴장한 마음도 다잡아 본다. 욕심내지 말고 달리자! 하지만 신나게 달리자! 스트레칭을 마치고 이제 해가 떠오르기를 기다린다. 창문을 활짝 열어 아직은 어두운 하늘을 바라본다. 어두운 산 너머로 해가 떠오르면 달리기도 시작이다.

해가 떠오르기 시작하자 새들의 노랫소리가 점점 커지고 매미 소리의 데시벨도 높아진다. 새로운 아침이 오고 있다고, 이제 나가 달리자고 속삭이는 소리가 숲에서 들린다. 나는 선크림을 듬뿍 바르고 새로 산 러닝화를 신는다.

런데이 앱을 켜고 천천히 걸으며 달리기를 시작한다. 1분은 뛰고 2분은 걷는 인터벌 프로그램이다. 뛰는 시간보다 걷는 시간이 더 많았지만 내 발을 지면에서 띄우고 달리고 있는 내가 좋다. 오늘의 마지막 달리기라는 가이드 목소리가 들리자 벌써 끝이야라는 생각이 들었다. 달린 시간은 5분도 되지 않았지만, 마스크 안에서 주르륵 땀이 흘렀다.

달리며 생각했다. 달리는 것만큼 내 삶의 속도를 스스로 정하며 살고 싶다고. 내 숨소리와 심장 소리를 들으며 나아가고 싶다고. 누구도 나에게 이렇게 살라고 강요하지 않았지만, 숨막히게 도망치고 싶은 순간 지금처럼 또 달리면 된다. 그래, 나 살아있어. 살려고 내 심장이 열심히 뛰고 있어.

아픈 것에 도전하며 달리지 마세요, 아셨죠?

달리기를 일주일 쉬었는데도 무릎 통증이 계속되어서 한의원을 찾았
다. "저 러닝을 하고 있는데요, 무릎이 계속 아파서 왔어요." 선생님은
러닝을 시작한 지 얼마나 되었는지, 얼마나 뛰는지 묻고, 무릎 상태를
살펴보며 미간을 찌푸렸다. 너무 참다가 병원에 왔나 걱정이 앞섰다.
당분간은 뛰지 말고 꾸준히 치료받으라는 말과 함께 선생님이 이야기
했다. "무릎은 한쪽이 아프면 다른 한쪽도 같이 아파요. 한 번 다치면
쉽게 재발하고 한 번 망가지면 다시 복구도 되지 않으니 잘 관리해야
해요. 무릎이 안 좋으면 절대 뒤꿈치로 착지하면 안 되는 거 아시죠?"
라고 물었다. 얼떨결에 "네"라고 대답했는데 실은 처음 듣는 이야기였
다. 역시 무식하면 용감하다더니 열심히 달릴 줄만 알았지, 올바르게
달리는 법을 배우거나 아플 때 제때 병원에 가는 것은 이렇게 게을렀다
니. 슬프게도 런데이, 나이키 앱에서 달린 지 일주일이 지났다고 아직
포기하지 말라는 알림이 왔다. 나도 달리고 싶다고요.

치료받으러 갈 때마다 "선생님, 저 언제쯤 다시 달릴 수 있을까요?"
라는 질문을 하고 싶어 입이 간질거린다. 한여름의 열기를 느끼며 달
리기를 시작했는데 어느덧 계절은 가을을 넘어 겨울의 추위까지 느껴
진다. 오늘은 용기 내서 선생님께 물어봐야지 생각하는 찰나 선생님이
내 마음을 간파하듯 이야기를 건넨다. "아픈 것에 도전하며 달리지 마
세요, 아셨죠?"

내가 운동장을 뛰어다니며 배운 것

지난 주말 접촉 사고가 났다. 나는 걸어가던 중이었고 좌회전하던 차가 나를 보지 못하고 그대로 받아버렸다. 달려오던 차에 부딪친 것 치고는 크게 다치지 않아 다행이다 싶었는데 그날 저녁부터 팔과 허벅지 그리고 발목에 통증이 있어 다음날 바로 한의원을 찾았다. 사고의 경위와 아픈 부위를 한의사 선생님께 설명하고 나는 덧붙였다. "선생님, 그런데 저 운동해도 괜찮나요?" 나는 통증과 치료보다 운동하지 못할까 봐 더 걱정하고 있었다. 선생님은 나에게 어떤 운동을 하냐고 물었고 나는 머뭇거리다 대답했다. "저 달리기하고요. 푸... 풋살을 시작했는데요." "풋살이요? 아, 아이랑 운동하세요?" "아니요. 저 혼자 하는데요." 선생님은 당황한 얼굴이 역력했다. "아……. 일반적이시지는 않네요. 오른발잡이세요?"

여성이 축구하는 것은 일반적이지 않다. 내 주변 지인들을 보더라도 달리기는 좀 하는 편이지만 대부분 요가, 필라테스, 수영 정도가 즐겨 하는 운동이다. 축구나 농구 그리고 야구를 취미로 하는 사람은 한 명도 없다. 그렇다고 여자들이 축구, 농구, 야구를 싫어하느냐? 스포츠 중계 화면을 보면 경기를 직관하는 여성을 어렵지 않게 찾아볼 수 있다. 물론 운동하는 것보다 보는 것을 좋아하는 사람일 수도 있고, 나처럼 유난을 떨지 않고 적당히 몸을 살피며 운동하는 사람도 많을 것이다. 그런데 나는 공을 차고 그물이 출렁이는 감각을 느껴보고 싶었다.

매일 아침 한의원에 출근 도장을 찍으며 치료받았다. 빨리 나을 수만 있다면 쓴 한약도 꿀꺽꿀꺽 먹을 수 있을 것 같아 냉장고에 가득 채웠다. 그래도 여전히 우산을 들거나 장바구니를 들면 팔이 아팠고 오래

걷기라도 하면 발목이 시큰거렸다. 달리기는 잠시 쉬어도 좋을 텐데 지난주부터 등록한 풋살 모임은 어쩌나 고민이 깊어졌다. 부상의 정도가 심하지 않고 한의사 선생님도 운동해도 괜찮다고 해서 수요일 저녁 긴장되는 마음으로 집을 나섰다.

한낮의 더위가 사그라져 가는 경기장에는 오늘도 환한 LED 조명이 팍하고 켜졌다. 나는 서울에서 고이 모셔 온 풋살화를 신고 양말을 끌어올리며 걱정하고 염려했던 내 마음도 쫀쫀하게 다잡았다. 그런데 몸풀기를 시작하자 걸을 때는 느껴지지 않던 통증이 다시 찾아왔다. 허벅지가 땅기고 힘이 들어가지 않아 몸을 푸는 것도 불편하고 아팠다. 오늘 처음 친선경기가 있는데 아무래도 뛰지 못할 것 같다고 생각하다 많이 뛰지 않고도 경기에 계속 참여할 수 있는 묘책이 생각났다. 바로 골키퍼를 맡는 것이다.

골키퍼란 골을 넣는 공격수만큼 중요한 포지션이다. 골키퍼가 한 골을 막는 것이 한 골을 넣는 것과 같다는 말도 있지 않은가. 날아오는 공이라면 유년 시절 피구로 단련된 몸이니 막아낼 자신이 있었다. 나는 골키퍼 장갑을 받아 들고 두 손에 끼었다. 스트랩으로 손목을 단단히 조이고 구호를 외쳤다. '다다른 다다른 파이팅!' 나는 어쩐지 이 구호가 무척 마음에 들었다. 우리는 모두 다르다는 말, 그렇지만 이렇게 하나로 모일 수 있다는 말. 나는 아직 같은 팀원의 이름도 나이도 모르지만, 한 팀이 된 것 같은 마음으로 들떴다. 여전히 허벅지는 욱신거리고 뛰는 것은 불가능했지만 공이 날아올 때마다 손으로 발로 막았다. 공을 차는 대신 멀리멀리 던졌고 그것만으로도 충분했다. 무리하지 않는 선에서 첫 경기를 마쳤다. 물론 골키퍼로서 골을 먹고 경기에 진 것은 아쉬웠지만 내가 골을 먹어도 '괜찮다. 잘했다' 응원해 주는 사람들이 있었다.

 풋살은 내게 해방감을 준다. 한여름 시원하게 내리는 비처럼 마음의 갈증을 한 번에 해소해 준다. 멀리서 날아오는 공을 트래핑할 때, 공을 드리블하며 수비수 한 명을 제칠 때, 골망을 출렁이며 들어가는 공을 바라볼 때 희열을 느낀다. 대부분의 순간은 공을 뺏기고, 공격을 막기 위해 골대로 달려가고, 엉뚱한 곳으로 헛발질하지만, 수많은 실패 속에서 단 한 번의 성공이 주는 즐거움을 알아버린 나는 인생도 그렇게 흘러가고 있음을 깨닫는다. 그래서 쉽게 포기하지 않는 것, 경기가 종료되는 휘슬이 울릴 때까지 달리는 것, 힘들고 지치면 손을 들어 나를 도와줄 친구를 찾는 것, 모두에게 박수를 쳐줄 사람이 될 수 있는 것. 그것이 내가 운동장을 뛰어다니며 배운 것이다.

아들, 엄마 올 때까지 이거 먹고 있어

겨울비가 내리는 수요일, 아이를 학원에 내려주고 간식거리를 사러 호떡집에 들렀다. 길가에 있는 작은 호떡집. 입간판에는 이렇게 적혀있다. '임산부 공짜, 소방관 공짜.' 호떡을 3개 주문하고 기다리는데 호떡집 아저씨가 물었다. "밖에 아기에요?" "아, 아니에요. (제 아들 아니에요)" 아저씨는 밖으로 나가 아이에게 "너 호떡 먹을래?" 물었다. 아이의 반응이 궁금했던 나는 물었다. "호떡 먹는대요?" "먹는다 안 먹는다 말을 안 하네요. 돈이 없어서 그런가 봐요."

무슨 용기가 났는지 나도 밖으로 나가 물었다. "아줌마가 사 줄 테니까 호떡 먹을래?" "괜찮아요." "안 먹는다네요. 제가 하나 사주려고 했는데." 내 말이 끝나기 무섭게 아저씨는 말했다. "벌써 만들고 있어요." 자글자글 끓는 기름 판에는 호떡이 4개 만들어지고 있었다. 그러고는 다 구워진 호떡을 종이컵에 담아 아저씨는 능숙하게 아이에게 건넸다.

"아들, 엄마 올 때까지 이거 먹고 있어."

엄마를 기다리는 아이에게 호떡을 건네는 아저씨의 마음은 기름에 막 튀겨진 호떡처럼 뜨거웠다. 주문한 호떡을 받아 들고 돌아서는데 아이가 수줍게 안으로 들어가 아저씨에게 감사의 인사를 건네는 듯 했다. 입천장이 델 것 같은 뜨거운 감동에 호떡을 먹지 않아도 배가 불렀다. 아, 내가 사줄걸…… 그냥 뒤돌아서기 아쉬워 나는 핸드폰을 열고 호떡 아저씨에게 아이의 호떡 가격을 입금하며 메시지를 남겼다. '호떡 아저씨, 감사합니다.'

비를 피하는 아이에게 호떡을 건네고, 생명을 잉태한 예비 엄마에게 응원을, 생명을 구하는 사람들에게 감사를 전하는 아저씨. 아저씨의 호떡은 내 마음을 지글지글 끓어오르게 했다.

잃어버린 우산이 더 많아졌으면 좋겠다

갑작스럽게 내리는 비로 우산을 들고 아이를 기다리는 부모들이 중앙 현관 앞에 모여있다. 아이들 하교 시간에 맞춰 내리는 비를 보고 한 선생님이 아이들에게 우산을 건넨다.

"우산 없지? 이거 쓰고 가. 쓰고 갔다가 내일 다시 가지고 오는 거야. 알겠지?"

주인을 잃어버린 우산을 챙겨 아이들에게 우산을 건네주는 선생님, 아이가 다니는 학교의 교장 선생님이다. 처음에는 새롭게 부임한 교장 선생님이 아침 등교 시간마다 교통 봉사를 하는 학부모에게 인사하고 안내하는 모습이 의례적이라고 생각했다. 일주일 정도 하시겠지, 한 달 정도 하시겠지 생각했던 나의 예상은 번번이 틀리고 말았다. 비가 오나 바람이 부나 선생님은 아이들의 등교 시간이면 학교 밖으로 나와 아이들이 안전하게 건널목을 건널 수 있게 돕는다.

교장 선생님이 교통 봉사에 적극적으로 참여하자 학교 앞 분위기도 조금 달라졌다. 수줍게 깃발을 들었던 부모들도 한 걸음 더 앞으로 나와 차를 막아서고 아이들이 안전하게 교차로를 건널 수 있게 도왔다. 아이가 다니는 학교는 출입문도 여러 개이고 길가에 있어 차량의 통행도 많은 곳이라 아이들이 건널목을 건너는 것이 그 어떤 곳보다 조심스러운 곳이기 때문이다.

"우산 없니? 이거 쓰고 가! 비 맞으면 감기 걸려."

아이들 손에 우산을 들려주면 괜찮다고 손사래 치는 아이도 있고 이 정도 비는 맞아도 된다며 웃으며 달려가는 아이도 있다. 도망가는 아이가 걱정돼 모자라도 씌워줘야 마음이 놓이는 선생님의 마음. 내 아이의 일도 아닌데 우산을 들고 서 있던 나는 갑자기 가슴이 뭉클해졌다. 비 오는 날 아이 친구 우산조차 마음 쓰며 챙겨본 적이 없는데 우산이 있냐고 묻는 따뜻한 선생님 말씀 한마디는 우산 없는 아이들 머리 위에 떨어지는 빗방울을 막아주는 것 같았다. 학교에 잃어버린 우산이 더 많아졌으면 좋겠다. 우산이 없어 발을 동동거리는 아이들에게, 내리는 비를 다 맞고 집으로 돌아오지 않을까 걱정하는 부모에게, 마음의 우산을 펼쳐주는 선생님에게 더 많은 우산이 남아있었으면 좋겠다.

어머니, 짝사랑은 그만 하세요

학교로 씩씩하게 걸어가는 아이의 뒷모습을 바라보고 있는데 한눈에 보기에도 걱정 많은 1학년 엄마로 보였는지 등교 지도를 하던 선생님이 웃으며 말을 건넸다. "걱정하지 마세요, 아이들은 씩씩하게 잘 해냅니다!" "그러게요. 아이는 뒤도 돌아보지 않고 가는데 혹시나 뒤돌아볼지 싶어 바라보고 있네요"라고 답하니 선생님이 또 웃으며 답했다. "어머니, 짝사랑은 그만 하세요."

뒤도 돌아보지 않는 아이의 뒷모습이 사라질 때까지 바라보는 내 짝사랑. 매일 매일 사랑한다 속삭여도 아이 마음에 가득 채워지지 않는 사랑이 있다. 언제나 엄마의 칭찬과 관심에 목말라하고 사소한 실수에도 속상해하고 작아지는 아이. 오늘도 씩씩하게 걸어가고 있지만 아이가 뒤돌아보는 순간 언제나 그 자리에 엄마가 있다고 건네고 싶은 응원이다. 그것이 사랑이라면, 짝사랑이라도 괜찮다.

가끔은 지치고 힘들어 한숨이 터져 나오고, 언제 끊어질지 모르는 팽팽한 고무줄처럼 날선 감정이 서로를 향하기도 한다. 그런데 아이의 눈물을 보면 속상한 아이의 마음을 보듬어 주지 못해 미안해지고 가만히 다가가 사과하게 된다. 어른이고 엄마인 내가 아이의 투정을 받아줘야지. 사랑은 그런 거니까. 참고 기다리고, 이해하고, 더 많이 사랑하지 못해 미안해하는 거니까. 내가 눈을 감아도 끝나지 않을 아이를 향한 짝사랑이니까.

아름다운 죽음이란 존재하는 걸까?

 입원과 퇴원을 반복하며 삶의 마지막을 기다리던 할아버지였다. 할아버지의 덜덜거리는 오토바이 소리처럼 할아버지의 숨은 거칠었고, 나는 그 숨소리에서 죽음의 소리가 들리는 것 같아 무서웠다. 그런 할아버지의 모습 중에 기억나는 한 장면이 있다.

 어느 날 할아버지는 핸드폰 통화목록을 살피며 누군가에게 전화를 걸었고 신호 소리를 듣자마자 전화를 끊었다. 처음에는 치매 증상 때문에 같은 행동을 반복하는 것으로 생각했는데 할아버지는 가느다란 눈으로 통화목록을 살피고 전화를 걸고 끊기를 반복했다. 한참 뒤에야 반대로 할아버지의 전화가 울리기 시작했다. 초조해 보였던 할아버지는 화색이 돌며 전화를 받았다. "아이고 전화를 잘못 눌렀나 봐요. 별일 없죠?" 할아버지는 이야기할 상대를 찾아 그렇게 반복해서 전화를 걸고 끊었다. 같은 공간에 함께하고 있는 가족이 있어도 대화를 나눌 누군가를 끊임없이 기다리며 신호음을 듣고 껐을 것이다. 젊은 시절에는 작은 시골 동네를 떵떵거리며 휘젓고 다닌 할아버지의 마지막은 외롭고 쓸쓸하고 비참했다.

 아름다운 죽음이란 어쩌면 마지막을 두려워하는 사람들이 만들어 낸 말일지도 모르겠다. 죽음이 아름답기를, 평온하기를, 사랑하는 사람들 품에서 잠들기를 바라며 죽음을 포장하고 만들어 내는 것은 아닐까.

할아버지의 유언

"이제 보면 우리 은영이를 다시 언제 보려나, 이게 아마 마지막이겠지."

작년 추석 할아버지가 농담처럼 건넨 말이 마지막이 될 줄 몰랐다. 이렇게 갑자기 세상을 떠나시게 될 줄 몰랐다. 할아버지께 마지막 인사를 드리러 출발해야 하는데 무엇을 준비해야 할지 몰라 멍하니 앉아있었다. 어린 시절 들었던 할아버지의 터덜거리는 오토바이 소리만 머릿속에 가득했다. 언젠가 시골 동네 한 바퀴를 오토바이로 태워주셨던 그 한 번의 기억이 내게는 할아버지에 대한 모든 기억이다. 어릴 때 외할머니가 돌아가신 뒤에는 자연스럽게 외가로 가는 발길도 끊겼고 이따금 할아버지가 우리 집을 찾으실 때면 인사만 드리고 살며시 내 방문을 닫았었는데…… 할아버지의 죽음이 믿기지 않아서 눈물도 나오지 않았다.

할아버지 장례를 마친 뒤 이상하게 마음이 공허하고 일상으로 돌아오기가 힘이 든다. 아이와 웃고 떠들고 남편과 아무렇지 않게 농담을 주고 받으면서도 내가 지금 이렇게 웃고 있어도 되나 싶기도 하고 한편으로는 마지막까지 자리를 지키지 못해 죄송한 마음이 든다. 이제는 마지막 말도 건넬 수 없는 할아버지. 그 마지막을 알아차리고 식사도 거부하시고 치료도 거부하셨던 할아버지의 고통스러운 마음은 어땠을까. 보고 싶었던 얼굴들을 만나지 못하고 떠나는 그 마음은 어땠을까 생각하니 인간의 삶과 죽음이 참 허망하다는 생각이 든다.

"나무 한 그루도 혼자 살 수 없는 법이야."

외동인 아이를 두고 외롭고 쓸쓸하다며 건네셨던 말이지만 나에겐 할아버지의 유언으로 남았다. 아이의 동생을 만들어 주는 일에는 자신이 없지만 혼자 살아가는 세상이 아닌 함께 살아가는 세상이라고 내 방식대로 할아버지의 유언을 해석하고 기억한다. 할아버지, 편히 쉬세요.

죽음을 생각하는 시간

물을 주나 안 주나 베란다에서 거칠게 살아가던 로즈메리가 죽었다. 무심하고 게으른 주인을 만났어도 7년간 꿋꿋하게 잘 살았는데 지난 겨울을 넘기지 못했다. 겨우내 죽은 허브를 무심히 두었는데 창문을 열 때마다 은은한 향기가 나서 차마 뿌리를 뽑지 못했다. 봄맞이 베란다 청소를 하며 미뤄두었던 로즈메리 뿌리를 정리해 쓰레기통에 넣었는데 쓰레기 봉지에 담긴 채로도 오랫동안 향기가 나서 로즈메리가 계속 살아있는 것 같은 기분이 들었다. 삶의 마지막도 자연의 생명처럼 이렇게 향기로울 수 있다면 얼마나 좋을까.

로즈메리의 마지막 모습을 지켜보며 내 삶의 마지막은 어떤 모습이면 좋을까 생각해 봤다. 소독약 냄새가 풍기는 차가운 병실은 아니었으면 좋겠다. 저녁에 잠이 드는 것처럼 가족들의 품에서 편안하게 잠들 수 있다면 더없이 행복한 마지막이 될 것 같다. 삶에서 이룬 성공은 없지만 내가 알고 지낸 사람들에게 작은 도움을 주었던 사람으로 기억되고 싶다. 실천하려고 노력했던 작은 나눔이 내가 살았던 세상에 조금이나마 보탬이 되었다면 더 바랄 게 없다.

부족한 엄마이자 아내였지만 많은 사랑을 표현했던 사람으로 기억되면 좋겠다. 아이가 성인으로 성장하는 순간을 함께할 수 있으면 좋겠고, 아이가 사랑하는 사람을 만나는 것을 축하할 수 있으면 좋겠다. 그시간이 허락되지 않는다면 남편이 아이가 올바르게 성장할 수 있도록 곁에서 가장 힘이 되어주기를 바란다. 남편이 평생을 혼자 살 수는 없을 테니 아이가 자신의 사랑을 찾아 떠날 때까지 자신보다 아이를 더 사랑해 주는 사람을 만나길 바라는 것은 내 욕심일까. 쓰다 보니 사뭇 유언장 같기도 하지만 한 번쯤 현재의 나와 죽음에 대해 생각해 보는 시간도 나쁘지 않은 것 같다.

죽음을 생각해 보니 오늘의 일상이 행복해진다. 맑은 정신으로 아침에 일어나 아이와 뒹굴뒹굴 시간을 보냈고 가족이 마주 앉아 밥을 먹었고 분주한 집안일에도 잠시 홀로 앉아 차를 마시고 책을 읽었던 하루가 감사하다. 죽음을 생각할수록 삶이 더욱 생생하게 다가온다. 삶과 죽음은 하나이고 모든 생명의 시작과 끝은 함께하는 것이라는 그림책 속의 말처럼, 살아있기에 우리는 사랑하고 행복하고 외롭고 쓸쓸하고 때로는 고통스럽다. 죽음이 두려울수록 더 살고 싶다.

반짝이는 불빛

매일 바라보는 창밖의 풍경이지만 어둠이 내려앉은 새벽 풍경은 낯선 불빛 뿐이다. 교회 첨탑의 십자가도 보이고 마무리 공사가 한창인 신축 아파트의 로고도 보인다. 그런데 내 시선이 멈춘 곳은 깜빡거리는 거리의 신호등이었다. "나도 여기 있어요"라고 이야기를 건네는 것 같다.

새벽의 거리가 이렇게나 밝았구나, 인공적이지만 반짝이는 불빛이 이렇게나 많았구나. 나는 어떻게 반짝이는 사람일까? 가장 높은 곳에서 위엄을 과시하지 않아도, 거리를 환하게 밝히지 않아도 그저 그 자리에서 깜빡깜빡 내가 여기 있다고 이야기할 수 있는 것만으로도 충분하지 않을까. 누군가 아주 잠깐 그 빛을 보고 마음의 온기를 느낄 수 있다면 더없이 좋겠다. 아침이 밝아오면 다시 시간에 맞춰 신호를 바꾸는 신호등도 새벽의 시간에는 자신을 찾아 깜빡이고 있는 것일까.

잠결에 엄마의 빈자리를 느낀 아이가 나를 찾는다. 끔벅끔벅 눈을 깜빡이며 나를 더듬는 아이 손길의 따뜻함을 잠시 느껴본다. 나도 여기 있구나, 엄마와 아내의 하루를 보내고 나만의 불빛을 밝히는 새벽의 식탁에 앉아 나도 깜빡깜빡 나의 불빛을 찾아 글을 쓰고 있구나! 그렇게 내 안에 반짝이는 불빛들을 가만히 적어본다.

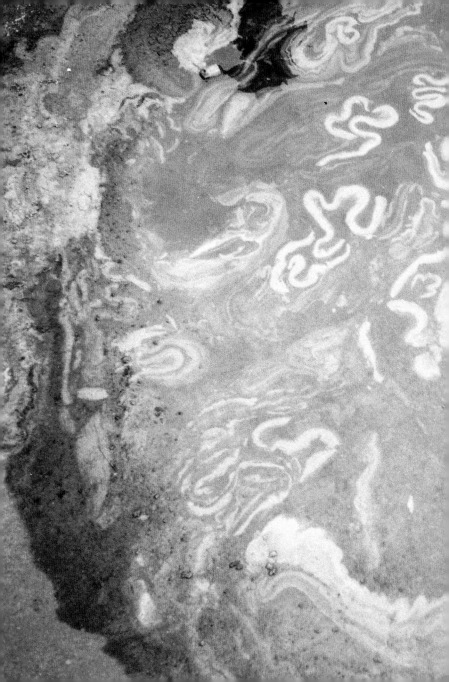

아빠의 이름은

아빠는 미장이다. 사람들은 아빠의 이름보다 '바닥 미장'이라고 아빠를 더 많이 부른다. 어릴 때 아빠의 직업이 부끄러워 늘 숨기고 싶었다. 학교에서 부모님의 직업과 학력 사항을 적을 때면 가슴이 두근거렸다. 아빠의 직업 대신 '회사원'이라고 적는 내 자신이 더 부끄러웠는지도 모른다.

아빠에 대한 기억이 별로 없다. 가장 먼저 떠오르는 건 덜컹거리는 철문 소리와 함께 아빠가 나가고 들어오는 소리였다. 아빠는 밤낮으로 현장에서 일을 하느라 바빴고 어린 시절 나에게 아빠는 없는 존재나 다름없었다. 아빠가 집에 있을 때면 귀가 따가울 정도로 텔레비전을 시끄럽게 켜놓고 코를 골며 잠들어 있는 모습이 내가 기억하는 아빠의 모든 것이나 다름없었다. 집이라는 공간에 같이 있어도 아빠와 나는 다른 시간을 살았다. 나는 방문을 닫고 귀를 막았고 우리의 관계는 콘크리트처럼 딱딱하게 굳었다.

내가 대학생이 되어 처음 장학금을 탔을 때 아빠가 울었다. 아빠가 우는 모습을 보고 내 마음에 작은 균열이 생겼다. 부모에 대한 원망과 미움으로 빨리 집에서 도망치고 싶었는데 아빠의 눈물을 보며 그동안 내가 잘못 생각하고 있었음을 깨달았다. 비록 내가 원하는 시간과 공간에 아빠는 단 한 번도 함께 있어 주지 못했지만, 그 시간을 아빠도 조금은 기다리지 않았을까. 남은 등록금은 어떻게든 마련할 테니 걱정하지 말라던 아빠의 목소리에서 작아진 아빠의 뒷모습을 느꼈다.

공사 현장 앞에 자꾸만 발걸음이 멈췄다. 아무렇게나 버려져 있는 쓰레기 더미와 건축자재를 바라보며 아빠를 떠올렸다. 아빠는 매일 저런 곳에서 일하고 있구나. 나는 잠시도 앉아있기 싫은 곳인데 저런 곳에서 평생 일하며 살았구나. 나는 그저 아빠가 만들어 놓은 세상에 단정하게 서 있었다.

길을 걷다가 시끄러운 공사 소리가 들리는 카페테라스에 일부러 앉아 커피를 마셨다. 평생 먼지를 뒤집어쓰고 소음 속에서 일했던 아빠는 이렇게 커피 한 잔 마실 여유가 있었을까? 잠을 깨우기 위해 수없이 마셨던 캔 커피 말고 누군가 정성스레 내려주는 커피를 마셔본 적이 있을까? 아빠가 자기 돈 내고는 절대로 사 먹지 않을 비싼 커피를 함께 마시며 아빠의 이야기를 듣고 싶어졌다. 아빠의 고단했던 삶을 인상 찌푸리지 않고 술주정이라고 비아냥대지 않고 가만히 들어주고 싶다.

아빠 어디 있어?

아빠가 죽었다. 갑자기 죽어버렸다. 아빠의 소식을 듣고 내가 제일 먼저 한 일은 밥을 안치는 일이었다. 허둥지둥 밥을 안치고 국을 끓이고 반찬을 만들었다. 아빠가 죽었지만 내 자식은 밥을 먹어야 했기 때문이다. 외할아버지의 소식을 들은 아이는 그림책을 꺼내 들고 왔다. 『할아버지는 어디 있어요?』책을 펼치며 책 속 주인공이 된 것 같다고 울었다. 그러더니 배시시 웃으며 말했다. "그런데 조금 좋기도 해. 드디어 할머니, 할아버지를 만나니까."

코로나가 시작된 뒤로 단 한 번도 부모님을 만나러 가지 않았다. 코로나에 걸릴 것 같은 불안감에 부모도 만나지 않았다. 지난달 아빠의 생일에도 돈 몇 푼을 보내고 다음을 기약했는데 그게 아빠와 주고받은 마지막 연락이었다. 아빠는 정말 죽을 때까지 일만 하다 차디찬 콘크리트 바닥에서 죽었다. 가족의 얼굴도 보지 못하고 마지막 인사도 하지 못하고 숨을 멈췄다. 아빠의 죽음보다 아빠의 삶이 불쌍해 미칠 것 같다.

아빠에게 가는 길에 사이렌 소리만 들어도 그 안에 아빠가 타고 있을 것 같았다. 아빠가 왜 죽었는지도, 어떻게 죽었는지도 알지 못했는데 내가 묻지 않아도 알 수 있었다. 수없이 반복되는 전화와 물음에 동생이 답해야 했기 때문이다. 사람이 죽었는데 왜 죽었냐고, 어떻게 죽었냐고 묻는 상황을 이해할 수 없었다. 그러면서도 아빠의 부고를 내 손으로 알리고 위로받고 싶어 한다는 것에 비참해졌다.

아무리 잠을 청하려 해도 잠이 오지 않는다. 아빠가 어디선가 나타날 거 같아서, 영혼이라도 올 것 같아서 그렇다. 그러면 아빠에게 마지막 인사라도 할 수 있을 텐데……. 예전에 본 어떤 영화에서 사람이 죽으면 하늘로 가기 전에 들르는 정류장 같은 곳이 있다고 했다. 아빠가 그 정류장에 들러 인사해 줬으면 한다. 그럼 나도 "아빠 고마워, 아빠 미안해, 아빠 사랑해." 목이 터져라 말할 수 있을 것 같은데. 우는 것 말고 아무것도 할 수 없는데 이게 다 무슨 소용인가 싶으면서도 왜 글을 쓰고 있는지 모르겠다. 그런다고 아빠가 돌아오는 것도 아니고, 아빠에게 전할 수 있는 것도 아닌데. 귀신이라도 그게 아빠라면 만나고 싶다. 아빠 어디 있어?

73번째 주인공

 아침에 일어나니 아빠의 사고가 뉴스와 기사로 나왔다. 평생을 자기 삶의 주인공으로 살지 못한 아빠는 죽어서야 누군가의 관심을 받았다.

 아빠는 아파트 공사 현장에서 콘크리트 작업을 하다 산업재해로 사망했다. 겨울철에는 콘크리트가 잘 굳지 않아 콘크리트를 빨리 굳히기 위해 '보온 양생 작업'을 한다. 이 때 건설현장에서 일산화탄소가 적게 배출되는 열풍기 대신 갈탄, 목탄 등 값싼 난로 연료를 사용하면 대량의 일산화탄소가 발생하게 되며 열이 빠져나가지 않도록 천막까지 치면 환기도 되지 않아 일산화탄소 농도는 더욱 높아진다. 따라서 질식재해와 같은 사고를 예방하기 위해서 반드시 유해가스 농도를 확인해야 하고 불가피하게 작업을 할 경우 산소호흡기나 송기마스크를 사용해야 한다. 환기시설이 없는 밀폐된 공간에서 아빠는 작업을 진행했고 관리 감독자도 없었다. 아직 부검과 경찰 조사 결과가 나오지 않았지만, 아빠는 일산화탄소에 질식해 사망한 것으로 추정된다.

 최초 발견자가 오늘 빈소에 방문해, 아빠를 처음 발견했을 때 의식은 없었지만 심장은 약하게 뛰고 있었다고 했다. 그 사실에 나는 무너졌다. 산업현장에서 안전 수칙만 제대로 지켰어도, 아니 관리 감독관이 단 한 번만 현장을 점검했어도, 아니 단 한 시간만 아빠를 일찍 발견했어도 아빠는 죽지 않을 수 있었다.

 산업안전보건법에 따르면 밀폐공간에서 작업 시 산소 농도 확인, 환기시설 설치, 안전보건 교육이 작업 전에 이루어져야 한다. 아무것도 없었다. 동생이 방문한 현장에는 불을 피운 흔적이 4개 있었고 창문은 모두 비닐로 막혀 있었다. 반복되는 산업재해 노동자의 죽음을 기사로 접하면서 안타까워만 했지, 우리 가족 일이 될 줄을 몰랐다. 하청에 하청 끊임없는 사다리 제일 아래에 있던 건설노동자 아빠는 그렇게 억울하고 허망하게 심장이 멎었다.

자식에게만은 가난을 물려주지 않으려고 억척같이 일만 하다 죽어버린 아빠를 위해 내가 할 수 있는 일은 고작 아빠의 죽음을 알리는 것 뿐이다. 최근 5년간 밀폐공간에서 일하다 질식한 산재 사망자는 73명이고 아빠는 73번째 주인공이다.

아빠가 아직 따뜻해

아빠가 돌아가시고 처음 화장터에 가보았다. 깊은 산속에 하얗게 피어오르는 흰 연기만 상상했던 화장터는 내가 생각했던 이미지와 사뭇 달랐다. 추위를 피해 들어간 곳엔 사람들이 시끌벅적하게 이야기를 나누며 끼니를 해결하고 있었고, 엄숙하고 슬픈 분위기보다 물건을 사고파는 시장 같은 분위기였다. 어쩐지 '죽음'보다 '삶의 생동'이 느껴졌다.

까만 천막을 사이에 두고 아빠와 우리 가족은 마주 보았다. 아니 아빠는 이제 볼 수 없으니, 우리만 아빠를 바라봤다. 인간이 죽으면 한 줌의 재로 돌아간다는 말을 온몸의 감각으로 느낄 수 있었다. 엄청난 화력에 천막은 쉴 새 없이 펄럭펄럭 흔들렸고 기계가 돌아가는 굉음에 귀는 계속 먹먹했다. 덜컹거리는 기계음에 울음과 소음이 뒤섞이고, 태워지고 부서지고 갈아진 아빠의 몸은 동생이 품에 안을 정도로 작아졌다. 그것이 죽음이었다. 이제는 체온을 느낄 수도, 만질 수도, 눈을 마주칠 수도 없는 것. 그저 단 한 번만 만날 수 있기를 바라게 되는 것.

"누나, 만져봐. 아빠가 아직 따뜻해."

나는 유골함에 담긴 아빠의 마지막 온기를 느꼈다. 영하의 추위에 몸을 따뜻하게 하려고 나눠준 핫팩보다 아빠가 뜨거웠다. 점점 식어가겠지. 차가워지겠지. 이제 아빠의 영혼은 어디로 향할까. 아니 그저 이렇게 사라지고 마는 것일까.

아빠의 갑작스러운 사고 이후, 나도 미래의 언젠가가 아니라 내일이라도 당장 죽을 수 있다는 생각이 든다. 언젠가 쓸 것 같아서, 버리기 아까워서 쌓아두고 보관해 둔 물건들을 미련 없이 하나씩 정리하고 있다. 떠난 사람의 마음은 알 수 없고 남겨진 사람의 고통은 눈으로 보고 들을 수 있어서다. 단출한 아빠의 방을 정리하면서, 살아가면서 필요한 건 정말 별로 없구나 하는 생각이 들었다. 내가 떠난 뒤에 가족이 내 물건들을 정리하며 어떤 마음이 들지 생각해 보니 그 무게를 좀 덜어놔야겠다 싶었다. 가만히 있으면, 잠이 들면 온통 아빠 생각 뿐이어서 그렇다. 부산을 떨고 몸을 움직여야 한다.

아빠의 죽음으로 내가 배운 것

일주일의 시간이 흘렀다. 시간이 그냥 흘렀다고 밖에 말할 수 없는 시간이었다. 아빠를 떠나보내는 동안 눈이 많이 내렸다. 동생과 엄마는 새하얀 눈송이를 아빠가 내려주는 것 같다고 했고 나는 아빠의 사고로 순식간에 변해버린 삶이 눈으로 덮여버린 것 같았다.

이 사고의 책임자인 시공사 대표는 끝내 사과를 하지 않았고 조문도 오지 않았다. 사고의 수습도 하청업체에 맡겨졌다. 하청업체를 통해 장례비용을 내주겠다고 연락이 왔고 아빠의 장례가 끝나자마자 합의는 언제쯤 하실 계획이냐며 의사를 물어왔다. 사람에 대한 예의조차 없는 사람들에게 화낼 힘도 없었다. 아빠의 죽음을 제대로 슬퍼할 시간조차 없었지만 결정해야 했다. 가장을 잃어버린 엄마의 남은 삶을 위해 우리는 싸워야 한다. 변호사와 노무사를 선임했고 소송을 진행하기로 했다.

일상으로 돌아와야 한다고, 산 사람은 살아야 한다고 수없이 스스로 다짐하는 하루하루다. 아무렇지 않다가도 문득문득 이제 아빠가 없다는 사실에 쓸쓸해진다. 삶과 죽음은 떨어져 있는 것이 아니라고 아빠는 여전히 우리 곁에 있다고 머리로는 이해해도 아직 마음은 받아들여지지 못하나 보다. 애도의 시간이 필요한 거겠지 생각하며 더 많이 가족의 손을 잡고 따뜻한 체온을 느낀다.

"뜬금없는 질문인데요. 작은 아빠에게 우리 아빠는 어떤 형이고 어떤 사람이었어요?"

장례 기간 중에 어린 시절부터 아빠와 가장 많은 시간을 보낸 작은 아빠에게 나는 물었다. 아빠의 인생을 가장 가까이에서 지켜보고 또 함께 해온 작은 아빠는 아빠의 영정사진을 바라보며 말했다.

"의지하고 존경하는 형이었지. 태어나 단 한 번도 형과 싸운 적이 없어. 싸울 일도 없었고 싸울 필요도 없었고. 내가 성인이 된 다음에는 이름 대신 항상 나를 동생아~ 동생아~ 하고 불렀어. 내가 동생을 대우해 줘야 사람들도 무시하지 않는다고. 나에게는 그런 형이었지."

아빠가 떠나고 나서야 아빠의 삶에 대해 나는 많은 것을 알아간다. 내가 태어나고 더 많은 돈을 벌기 위해 아빠가 건설 현장 노동자로 일을 시작했다는 점도 처음 알았다. 자신을 위해서는 천 원짜리 지폐 한 장도 허투루 쓰지 않은 아빠가 오랫동안 매년 연말이면 작은 기부를 했다는 사실을 듣고도 무척 놀랐다. 작은 아빠의 텃밭에는 아빠가 기르고 가꾼 무가 아직 흙 속에 보물처럼 보관되어 있다고 한다. 아빠가 유일하게 남긴 선물 같은 무를 꼭 소중하게 요리해 먹고 싶다. 아빠가 삶으로 보여준 대로 남아 있는 나도 이제 성실하게 최선을 다해 살아야 한다. 아빠의 죽음으로 내가 배운 것을 이제 내 삶으로 살아내야 한다.

우리 아빠 진짜 능력 있는 사람이었네

언젠가 아빠가 술에 취해서 전화로 내게 말했다. "아빠가 능력이 없어서 미안하다." 나는 쓸데없는 소리 좀 하지 말고 술 좀 조금 마시라고 했고 동생과 나에게 유산 같은 것 남겨줄 생각하지 말고 다 쓰고 가라고 잔소리처럼 말하고 전화를 끊었다.

아빠는 하나도 쓰지 못하고 떠났다. 아빠는 자식에게 짐이 될까 은퇴할 나이가 한참 지나서도 누군가 불러주는 사람이 있으면 어디든 달려가 일을 했다. 한 달에 나가는 돈이 얼마나 많은데 움직일 수 있을 때 조금이라도 일을 더 해야 한다고 나지막이 이야기하던 아빠의 모습이 떠오른다.

아빠의 남은 통장을 정리하며 아빠가 엄마도 모르게 모아둔 돈 이야기를 듣고 나도 울고 말았다. 엄마는 아빠가 맨날 일만 하고 돈을 안 가져다 준다고 투정을 부렸는데 아빠는 엄마 몰래 노후 자금을 모아두고 있었다. 물론 노후 자금으로는 턱없이 부족한 돈이지만 아빠가 진짜 대단한 사람이라고 말하는 동생의 말에 나도 고개를 끄덕일 수밖에 없었다. '우리 아빠 진짜 능력 있는 사람이었네'

영원의 만남

집 밖을 나가지 않은 지 일주일 가까이 되어 시간에 무감각해진다. 갑작스럽게 집 앞에 찾아온 친구가 건넨 꽃다발에서 매서운 겨울바람 속에도 봄이 오고 있다는 생각이 든다. 그 꽃을 바라보며 하늘에서는 절대 일하지 말고 꽃구경만 하고 살라던 엄마의 목소리가 귓가에 맴돈다. 아빠가 처음이자 마지막으로 받은 꽃이 아빠가 마지막으로 누운 곳이라 마음이 무너진다. 하늘에서 꽃이 핀다면 그 꽃은 어떤 모습일까. 봄이 되면 아빠가 꿈속에 찾아와 하늘에서 꽃구경 잘했다고 말해주면 좋겠다.

이것은 슬픔일까. 애도일까. 연민일까. 그냥 가만히 그 느낌을 떠올려보려 애썼다. 하늘을 바라보고, 걸어가는 사람들의 뒷모습을 바라보고, 바람에 흔들리는 나뭇잎을 바라보며 새소리를 들었다. 그렇게 걷다 보면 살아있는 것들이 보였다. 앙상한 나뭇가지에 봄을 준비하는 겨울눈이 보였고, 사람들의 힘찬 발걸음을 바라봤고, 햇살 아래 포근하게 낮잠을 자는 고양이를 지켜봤다. 아빠가 떠오르면 울다가 친구들 얼굴을 보고 웃었고 아이와 남편을 더 많이 껴안았다.

넋 놓고 길을 걷다가 주차장 차단기에 얼굴을 부딪치기도 했다. 얼굴이 따끔거리고 얼얼했는데 이상하게 화가 나지 않았다. 이 상처가 흉터로 남는다면 평생 아빠를 기억하며 살겠지 생각했다. 기억하고 싶은 것을 몸에 새기려고 타투를 하는 사람의 마음을 자연스럽게 이해하게 됐다. 오래된 사진첩을 꺼내 아빠를 다시 만난다. 잊지 않으려고 무뎌지지 않으려고 세월을 되돌아가 좋았던 순간을 다시 기억에 새긴다. 이 세상에 더 이상 존재하지 않는 사람을 다시 생생하게 만나는 것을 영원의 만남이라고 해야 할까.

삶의 순간을 빛의 자국으로 남기는 일

　사진기조차 흔하지 않은 시절, 우리 가족은 중요한 날에만 사진을 찍었다. 사진기는 일회용 카메라였고 대부분은 내 어린 시절이었다. 아빠가 돌아가시고 아빠와 함께 찍은 사진이 얼마나 되나 사진첩을 열어 세어보았다. 내 나이가 40이 넘었는데 아빠와 찍은 사진이 5장도 남아 있지 않았다. 평범한 일상의 사진이 이토록 중요한 기록이 되는구나 싶어 나는 그 뒤로 서랍 속에 먼지 쌓여가는 필름 카메라를 꺼내 다시 사진을 찍기 시작했다.

　사진을 찍었던 날은 기억이 나지 않는다. 어렴풋이 사진을 보고 추측할 뿐이다. 건설 현장에서 일하던 아빠는 쉬는 날이 없었다. 지금이야 주 5일 근무니 40시간 근무니 하는 노동시간이 지켜지는 현장이 많지만 내가 어린 시절만 해도 아빠는 그런 기준조차 없던 건설노동자였다. 아빠가 쉬는 날은 비가 와서 작업을 할 수 없거나, 겨울에 너무 추워서 현장에 나갈 수 없거나 그것도 아니면 아빠가 다쳤을 때뿐이었다. 아빠는 보통 새벽까지 현장에서 일을 하고 돌아와 다시 옷을 갈아입고 일을 하러 나갔다. 아빠는 덜커덩거리는 철문을 여닫으며 잠든 아이들의 모습만 간신히 보며 살았을 것이다.

　사진을 찍은 날은 그런 아빠가 유일하게 쉬는 날이었을 것이다. 어린 아이들의 손을 잡고 동물원을 찾은 날. 사람이 많은 곳에서 아이를 잃어버릴까 봐 아빠가 손수 이름표를 달아 주었을 것이다. 사진을 찍은 엄마도 기억하지 못한다. 이 사진이 언제 찍은 사진인지, 왜 이름표를 달고 있는지 물어보았지만, 되돌아온 대답은 "아빠가 가족과 시간을 보낸 적이 거의 없지"라는 대답 뿐이었다. 그래서 이날의 사진은 어린 시절 아빠와 찍은 유일한 사진이다. 나머지 사진은 내가 대학을 졸업했을 때와 결혼식 사진과 같은 형식적인 사진 뿐이기 때문이다.

 그래서 나는 이 사진을 바라볼 때 아빠의 복잡한 감정들이 떠오른다. 먼지투성이 작업복이 아니라 외출복을 갈아입고 집을 나서는 아빠의 설렘이, 아이를 잃어버릴까 봐 노심초사하며 명찰을 달아줬을 아빠의 걱정이, 잠든 아이를 바라보고 다시 건설 현장으로 떠났을 아빠의 무거운 어깨가 느껴진다. 이제 세상에는 아빠가 없지만 남아있는 사진으로 간신히 아빠를 잊지 않으려고 애쓴다. 사진은 우리가 잊어버리고 지나쳐 버린 삶의 순간을 빛의 자국으로 남기는 일이니까.

슬픈 사람

유진목 시인의 산문집 『슬픔을 아는 사람』을 읽었다. 정말 사람이 슬픔에 잠겨 죽을 수도 있다는 생각을 잠시 하다가 오래전에 내가 만났던 슬픈 사람이 떠올랐다. 언제나 죽고 싶다는 말을 입에 달고 살다가 정말로 죽으려고 자살 기도를 했던 사람.

철장으로 열고 닫히는 정신과 병동 안에서 바라본 그녀의 모습은 너무나 비현실적이었고, 우연히 보게 된 병원 차트에는 '자살 기도'라는 단어가 선명하게 보였다. 그녀는 고통과 슬픔으로 한동안 기억조차 잃었다. 시선은 공허했고 가족만 간신히 알아보았다. 그 와중에도 키우던 강아지의 밥을 챙기라고, 배가 고프니 과일을 먹으라고 내게 말했다. 나는 무서웠다. 그녀가 영원히 그곳에서 나오지 못할까 봐 무서웠고, 내가 그녀를 책임져야 할까 봐 겁이 났다. 병원을 나와 하염없이 거리를 걸었다. 자동차 헤드라이트가 눈이 부시게 빛나던 밤이었고 나는 아무에게도 그녀의 소식을 전할 수 없었다. 그저 눈앞의 세상이 흐려지는 동안 '어두운 밤거리가 왜 이렇게 밝지!' 생각했을 뿐이다.

그녀는 여전히 살아있지만, 나는 단 한 번도 그날의 일을 그녀에게 말해본 적이 없다. 늘 죽고 싶다고 이야기했었기 때문에 왜 죽으려고 했는지 물어야 할 필요를 느끼지 못한다. 그녀는 여전히 외롭고 쓸쓸하고 슬픔 속에 살아가고 있지만 아직 죽지 않았다. 그리고 나는 여전히 그녀의 슬픔을 모른척하며 살고 있다. 이제는 정말 그녀마저 갑자기 죽을까 봐 겁이 나기 때문이다.

지금을 사는 일

 나는 언제나 죽을까 봐 두렵다. 비행기를 타면 추락할 것 같아서 안절부절 몸이 먼저 반응하고, 낯선 곳에 가면 건물이 무너져 내릴까 무섭고, 어느 날 갑자기 죽을병에 걸릴까 봐 노심초사한다. 이런 이야기를 들은 지인이 내게 병원 치료가 필요한 수준이라고 진단을 내려주었지만, 나는 불안과 두려움을 일으키는 것들로부터 멀어지는 방법으로 간신히 일상을 유지하고 있다. 영화관이나 백화점에 가지 않고, 비행기를 타지 않으며, 건강검진을 정기적으로 받는다. 그런데도 내가 죽게 될까 봐, 갑자기 찾아오지 않을 미래를 상상하며 종종 겁에 질린다.

 그러다 아빠의 죽음으로 내가 살던 세계의 기준이 완전히 바뀌어버렸다. 더는 내게 내일이 없을지도 모르고, 사랑하는 사람들에게 인사조차 하지 못하고 혹은 받지 못하고 갑작스럽게 죽어버릴 수 있다는 공포. 여전히 나는 불안하고 두렵고 용기 없는 존재이지만 지금을 제멋대로 살고 있다. 혼자만의 시간을 가지고, 내가 바라보는 세계를 사진과 글로 기록한다. 매일 쳇바퀴처럼 굴러가는 가정주부의 일상에서 나를 찾으려고, 이름을 찾으려고 발버둥치는 일들이다. 내일을 기약하지 않는다. 다음을 기다리지 않는다. 그 언젠가는 오지 않을 수도 있다. 오래전에 좋아하던 드라마의 대사처럼 '지금을 사는 일'에 집중한다.

 아이에게 사랑한다고 말해주고, 남편에게 고마움을 표현하지만 가끔은 이기적으로 가족의 품에서 도망친다. 나에게도 엄마와 아내로 사는 삶 말고도 다른 선택과 가능성이 있을 거라 믿는다. 무엇이 되려는 거창한 꿈을 꾸지 않더라도 내 시간과 삶을 주체적으로 살아가는 것으로 삶의 의미를 찾을 수 있을 것이다. 그렇게 뻗어나가는 선으로 연결되는 또 다른 선이 있을 것이고 그 연결되는 선에서 '아름다운 선'을 조금이라도 만들 수 있다면 그걸로 충분하다. 나를 위한 삶을 살다 보면 자연스럽게 타인을 위해서도 조금은 살아갈 수 있지 않을까. 가족을 위해서, 이웃을 위해서, 동물을 위해서, 생명을 위해서, 지구를 위해서.

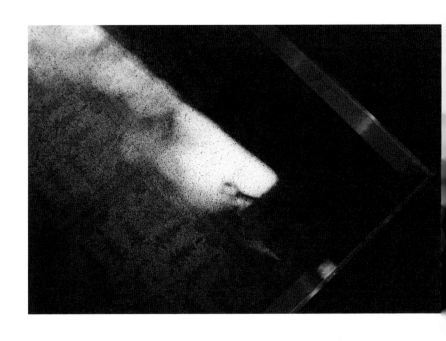

세상의 슬픔과 아름다움을 기록할 수 있다면

© 발걸음, 2023

초판 1쇄 발행 2023년 10월 14일

지은이 발걸음(김은영)

펴낸곳 첫걸음

이메일 themomenttogether@naver.com

출판등록 2022년 8월 24일 (제 2022-000028호)

ISBN 979-11-985084-6-1